MUDANÇAS NA AGRICULTURA

Ciranda Cultural

Direitos reservados © QED Publishing 2009
Autor Steve Parker
Consultor Terry Jennings
Editor de Projeto Anya Wilson
Design e Pesquisa de Imagens Dynamo Design

Editor Steve Evans
Diretor de Criação Zeta Davies
Gerente de Edição Amanda Askew

© 2010 desta edição:
Ciranda Cultural Editora e Distribuidora Ltda.
Rua Frederico Bacchin Neto, 140 – cj. 06
Parque dos Príncipes – 05396-100
São Paulo – SP – Brasil

Coordenação editorial Jarbas C. Cerino
Assistente editorial Elisângela da Silva
Tradução Juliana David
Preparação Sueli Brianezi Carvalho
Revisão Júlio César Silva, Michele de Souza Lima
e Silvana Pierro
Diagramação Selma Sakamoto

1ª Edição
www.cirandacultural.com.br
Impresso na China

Todos os direitos reservados. Nenhuma parte desta
publicação pode ser reproduzida, arquivada em
sistema de busca ou transmitida por qualquer meio,
seja ele eletrônico, fotocópia, gravação ou outros,
sem prévia autorização do detentor dos direitos, e não
pode circular encadernada ou encapada de maneira
distinta àquela em que foi publicada, ou sem que as
mesmas condições sejam impostas aos compradores
subsequentes.

Crédito das figuras
(t= topo, b = rodapé, l = esquerda, r = direita, c = centro,
fc = capa)

Alamy 5tr Lebrecht Authors, 14bl Kevin Schafer, 26r Tim Multon,
26br Miglbauer Hans

Bridgeman 4l Peter Jackson, 4br Peter Jackson

Corbis 22–23c Hein van der Heuvel, 26bl Jan Butchofsky-
Houser, 27t Terry W Eggers, 28–29c Finbarr O'Reilly,
29br Marcus Prior/WFP

Getty 5r Justin Bailie, 6–7c VisionsofAmerica/Joe Sohm,
7tr Pers-Anders Pettersson, 7b China Photos, 11t Steffen
Thalemann, 12–13c Philippe Barseiller, 12bl Scott Stulberg,
12b Andrew Holt, 13cr Frank Gaglione, 13br Kevin Schafer,
14–15c Stuart McCall, 17bl Ron Sherman, 18bl Gerard Loucel,
19c Travel Ink, 19b Mark Anderson, 20–21c Peter Anderson,
21tr John Lund/Matt Holmes, 23b Stockbyte, 24–25c Dave
Reede, 25tr Peter Dazeley, 25b Luis Velga, 27 Chris Sattlberger,
29tr David Sutherland

Shutterstock 4t Phase4Phtography, 4t Pepita, 4–5c Hywit
Dimyadi, 5b Stephen Mcsweeny, 8–9c Orientaly, 8bl yxowert,
9tr szefei, 9br Kevin Britland, 10–11t CROM, 10–11c David
Lee, 10l Semen Lixodeev, 11br 0399778584, 15tl Frontpage,
16–17c Mircea BEZERGHEANU, 16b Lakis Fourouklas,
17tr Angelo Garibaldi, 18r Svetlana Gajic, 19tr Dean Mitchell,
20bl Mark Yuill, 21br Guryanov Oleg, 23tr Paula Gent,
23c amlet, 23r R Perreault, 24l Frontpage, 28l Sven Hoppe,
28b Maria Sauh

Confira o significado
das palavras em
destaque no Glossário
da página 30.

Sumário

Na fazenda	4
O cultivo de alimentos	6
Terra fértil	8
Cultivo de madeira	10
Natureza em perigo	12
Desastre duplo	14
Abrindo caminho para as fazendas	16
Campos infinitos	18
Fazendas *hi-tech*	20
Explorando o mar	22
Cultivando energia	24
Montanhas de alimento e quilômetros	26
Mantendo as prateleiras cheias	28
Glossário	30
Índice remissivo	32

NA FAZENDA

Há milhares de anos não existiam fazendas. Para se alimentar, as pessoas coletavam frutas silvestres e outros vegetais, além de caçarem animais. Esses coletores e caçadores nunca se estabeleciam em um único lugar – eles mudavam de regiões para localizar alimento.

Sem a existência de máquinas, os primeiros agricultores desenvolveram sistemas para o bombeamento de água.

Antes dos animais serem **domesticados**, as pessoas precisavam **arar** a terra.

Uma grande mudança

Entre aproximadamente 15 mil e 12 mil anos atrás, ocorreu uma grande mudança: as pessoas começaram a plantar sementes de vegetais silvestres, como o trigo, a cevada, a aveia e o arroz. À medida que esses vegetais se desenvolviam, seus grãos e outros produtos eram colhidos para serem armazenados ou utilizados como alimento. As melhores sementes dessas plantas eram escolhidas para serem plantadas no ano seguinte, o que aperfeiçoava os **cultivos**.

Domesticando os animais

Iniciou-se também a criação de ovelhas, cabras, porcos e vacas com o propósito de se obter leite, carne, pelo e couro. Gradualmente, os animais selvagens se tornaram domesticados, ou dóceis, como as **criações de animais** presentes nas fazendas atuais. Os homens construíram vilas e passaram a cuidar dos seus campos de cultivos e animais, tornando-se os primeiros fazendeiros.

Bois resistentes aravam os campos das primeiras fazendas.

É SURPREENDENTE!

Máquinas enormes, tais como **ceifeiras- -debulhadoras**, realizam o trabalho de 100 pessoas.

A agricultura nos fornece uma quantidade maior de alimento do que se apenas os coletássemos da natureza. A população mundial aumentou de 5 bilhões, há aproximadamente 25 anos, para cerca de 7 bilhões atualmente.

O CULTIVO DE ALIMENTOS

A cada minuto, aproximadamente 250 novos indivíduos nascem por todo o mundo, aumentando, consequentemente, o número de pessoas que necessitam de alimento. Portanto, à medida que esse número cresce, torna-se necessário também uma quantidade maior de fazendas, a fim de se produzir alimento suficiente para a população mundial.

Grandes empresas

Em algumas regiões, como nos Estados Unidos, as fazendas assemelham-se a empresas. As **plantações** em pleno desenvolvimento e a crescente criação de animais funcionam como indústrias com enormes máquinas, tais como tratores, ceifeiras, helicópteros e aviões. Os campos de plantações estendem-se além do que você consegue enxergar, sendo que tais fazendas são capazes de produzir uma quantidade de alimento maior do que aquelas localizadas em regiões mais pobres.

Fazendas pequenas

Em algumas regiões do mundo, como em alguns locais da África, existem fazendas que são pequenas. Se o clima é adverso e o cultivo fracassar, as pessoas dessas regiões precisam se esforçar para conseguir produzir o suficiente para sua alimentação. Por outro lado, se o clima é favorável, esses agricultores conseguem coletar produtos para prover suas famílias e, talvez, uma quantidade extra para vender no mercado.

Em algumas regiões da China, o arroz é colhido manualmente.

◉ Esta área de terra cultivada na Califórnia, Estados Unidos, possui 2 mil quilômetros quadrados. Ela é dividida em quadrantes, como em muitas fazendas modernas, para facilitar o cultivo da terra.

FIQUE ATENTO!

Criação de animais

Uma grande quantidade de diferentes animais é procriada nas fazendas por todo o mundo. Eles são utilizados no trabalho dos campos e para o fornecimento de carne, laticínios, lã, pele e couro.

Em alguns países da América do Sul, o porquinho-da-índia é criado para o fornecimento de carne.

TERRA FÉRTIL

Em algumas regiões, as fazendas são bem-sucedidas e desenvolvem uma grande variedade de plantações. Por sua vez, em outras regiões, o solo não é **fértil** ou o clima não é favorável, e uma quantidade menor de alimentos é produzida.

Locais vantajosos para as fazendas

Existem boas condições para a agricultura se desenvolver na maior parte da Europa, Ásia, em quase toda América do Norte, no sul da América do Sul, Nova Zelândia e leste da Austrália. Nessas regiões, os cultivos se desenvolvem satisfatoriamente e existem campos de **pastagem** para a criação de animais.

◐ Nos Estados Unidos, o cultivo mais comum é o do milho, o qual é principalmente utilizado para a alimentação e como **biocombustível**.

◐ Frutas e hortaliças prosperam quando submetidos a solos enriquecidos, água e luminosidade.

Dificuldades para produzir

Algumas regiões da África, Ásia e América do Sul são muito úmidas para o desenvolvimento da agricultura. Por sua vez, grande parte do norte da África, do Oriente Médio e da Austrália central é muito seca. A região norte do planeta é coberta por gelo e neve em quase toda sua totalidade e, portanto, a população que habita essas regiões enfrenta grandes dificuldades para produzir alimento suficiente para sobreviver.

Um solo fértil é importante para o sucesso das plantações. Os agricultores precisam preservá-lo a fim de evitar que as plantações enfraqueçam.

É SURPREENDENTE!

Aproximadamente 80% das terras do mundo não são adequadas para a agricultura, portanto todos contam com os 20% restantes. Dessa maneira, os agricultores precisam dispensar um grande cuidado para **preservar** essa última porcentagem.

Cultivo de madeira

As fazendas não produzem somente alimentos, elas também fornecem muitos outros produtos que as pessoas utilizam diariamente, como o chá e o café. As árvores também são cultivadas em fazendas com a finalidade de se produzir madeira de corte.

Diferentes maneiras de uso

A madeira proveniente das árvores é utilizada com diferentes propósitos, desde a construção de casas, telhados e pontes, até a fabricação de móveis, como camas, mesas e cadeiras, e o uso em trabalhos artísticos. Além disso, as árvores são trituradas e misturadas com água para a produção de materiais como o papel, do qual livros e jornais são feitos.

◐ É necessário mais de 100 árvores para construir a moldura de vigas de madeira de uma casa.

◖ Árvores são utilizadas nesta fábrica para a produção de rolos de papel.

Plantações de árvores

Em muitos lugares, as árvores são cultivadas como plantações, dando origem às empresas de produção de madeira. Após alguns anos elas são cortadas e, então, outras árvores são plantadas para substituí-las. Denomina-se a utilização da madeira cultivada dessa forma como **sustentável**, ou seja, nós somos capazes de desenvolver novos suprimentos e, consequentemente, estes não se esgotam. O problema reside nas situações em que as árvores de florestas naturais são cortadas sem serem restituídas, diminuindo, assim, a quantidade delas no mundo.

É SURPREENDENTE!

Nos Estados Unidos, 4 milhões de árvores são plantadas diariamente para substituir aquelas que foram cortadas.

NATUREZA EM PERIGO

É difícil realizar o cultivo de algumas espécies de árvores em plantações, pois elas levam centenas de anos para se desenvolver. Dessa maneira, elas são extraídas da natureza, como as que são retiradas das **florestas tropicais**, prejudicando os lares da vida selvagem.

Árvores tropicais

Algumas das madeiras mais bonitas e resistentes são provenientes das florestas tropicais, onde o clima é quente durante todo o ano. Elas são conhecidas como madeiras tropicais e incluem o mogno, o ébano e o pau-rosa, entre outras, sendo que os produtos constituídos pela madeira dessas espécies são vendidos por uma grande quantia em dinheiro.

◐ Uma árvore como a sequoia pode representar um *habitat* para milhares de espécies de animais selvagens.

O que você pode fazer?

Examine os produtos de madeira como mesas, cadeiras, armários e até mesmo colheres de pau. De onde vem a madeira dessas mercadorias? É de um cultivo sustentável?

"Pontos quentes"

As florestas tropicais são conhecidas também como "**pontos quentes**" para a vida selvagem, pois exibem uma grande **biodiversidade** – traduzida pela variedade de vegetais e animais. À medida que as árvores são cortadas, os animais perdem os locais onde viviam e procriavam, consequentemente gerando o desaparecimento da vida selvagem e, portanto, sua possível **extinção**.

Mais de 200 espécies de macacos, como este macaco-de-cheiro, estão ameaçadas pela destruição das florestas.

◯ A madeira das árvores é carregada em caminhões e conduzida até as serrarias.

13

Desastre duplo

À medida que as florestas tropicais são derrubadas para a utilização da valiosa madeira, muitas outras mudanças são provocadas. Toda a área natural, ou o *habitat*, pode ser destruído como consequência.

◑ Esta área nos Andes, Equador, era coberta por árvores no passado. Vagarosamente, o solo está sendo removido pela água das chuvas.

Remoção pela água das chuvas

À medida que as árvores crescem, suas raízes se desenvolvem para dentro do solo, ajudando a contê-lo e evitando que seja removido pela ação da água da chuva. Se as árvores e suas raízes são extraídas, especialmente em áreas de florestas tropicais onde a chuva é abundante, o solo é removido para dentro dos rios quando chove. O local, portanto, fica desprovido de solo e mais nenhum vegetal é capaz de se desenvolver ali.

◑ Enchentes provocadas pelo transbordamento de rios arruínam as plantações de fazendas e destroem as construções.

A floresta é devastada no Brasil por produtores de soja, que utilizam o local para estabelecer plantações.

FIQUE ATENTO!

O desaparecimento das florestas

No passado, as florestas tropicais cobriam aproximadamente 15% de toda a superfície terrestre. No entanto, atualmente, essa porcentagem foi reduzida para cerca de 5%. A menos que os danos sejam reduzidos, a maior parte do que restou pode sumir em 40 anos, juntamente com os animais e vegetais que vivem nessas áreas.

Enchentes prejudiciais

Conforme o solo é removido pela água da chuva, ele obstrui os rios para onde é transportado. A água destes não consegue fluir adequadamente e inunda as margens, causando prejuízos às plantações vizinhas e ao espaço vital.

Quando o solo é removido e carregado para dentro dos rios, os peixes são afetados, pois não conseguem respirar adequadamente ou encontrar alimento suficiente.

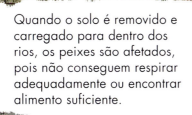

Abrindo caminho para as fazendas

À medida que uma quantidade maior de fazendas é necessária para produzir alimento suficiente para toda a população, áreas naturais são ocupadas e, consequentemente, os animais e vegetais desses locais perdem o espaço onde viviam.

Transformando florestas em fazendas

Novas fazendas são frequentemente estabelecidas em áreas nas quais as florestas foram removidas. Como o solo fica desprotegido, ele pode ser extraído pela ação das águas da chuva e, em algumas ocasiões, o cultivo é perdido. As pessoas, então, deslocam-se e removem a vegetação das florestas de outras áreas para estabelecer novas fazendas rapidamente, provocando, assim, um extenso prejuízo.

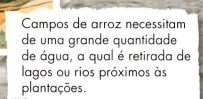

Campos de arroz necessitam de uma grande quantidade de água, a qual é retirada de lagos ou rios próximos às plantações.

Do úmido ao seco

Outros ambientes que correm perigo de desaparecer são os pântanos, brejos ou outras áreas úmidas. Valas e canais são escavados para transportar a água desses locais e, assim, deixar os solos mais secos e apropriados para a agricultura. Dessa maneira, plantas aquáticas e animais, tais como sapos, peixes, jacarés e garças, perdem os seus *habitats*. Mais da metade desses ambientes já foi destruída nos últimos 100 anos.

Os sapos e as rãs, tais como a rã-touro africana, podem se tornar ameaçadas de extinção no futuro se os ambientes úmidos em que vivem secarem.

◐ Pássaros grandes, como os pelicanos, são prejudicados se as áreas úmidas que habitam forem devastadas para o estabelecimento de plantações, já que não possuem outro lugar para viver.

É SURPREENDENTE!

Durante a **migração**, muitos pássaros precisam de áreas úmidas para descansar.

Em 2006, 120 países na América do Norte, Europa, África e Ásia Ocidental formaram o Wings Over Wetland (Asas sobre os Ambientes Úmidos), ou WOW. O objetivo dessa iniciativa é proteger esses locais, onde os pássaros migratórios param para descansar e se alimentar.

CAMPOS INFINITOS

Alguns campos de plantações se estendem além daquilo que podemos enxergar. Eles são responsáveis pelo cultivo de uma grande quantidade de alimento, porém, à medida que áreas naturais são devastadas para o estabelecimento desses campos, a vida selvagem é prejudicada.

Quanto maior, melhor?

Grandes campos significam que uma maior quantidade de plantações pode ser cultivada. Fazendas modernas usam tratores para arar o solo, semeadeiras para plantar as sementes e colhedeiras para a **colheita** da safra. Essas máquinas são grandes e necessitam de espaço para se locomoverem e serem guardadas, de tal maneira que os agricultores cortam a vegetação e as árvores que impedirem o caminho delas. Uma menor quantidade de árvores e vegetação significa a perda dos locais utilizados como abrigo pelos animais.

Alguns tipos de colhedeiras podem limpar um grande campo em algumas horas.

Pesticidas

Alguns agricultores pulverizam suas plantações para protegê-las de pestes que se alimentam dos cultivos.
Os **pesticidas** não só as matam, mas também podem afetar animais como borboletas e pássaros.
Além disso, as substâncias químicas se espalham no solo e na água, provocando **poluição**.

O vento pode espalhar os pesticidas para áreas naturais vizinhas, como as florestas, provocando a morte de outros animais e vegetais.

Agricultura benéfica

Os agricultores podem mudar seus cultivos para um campo diferente a cada ano. Essa prática é conhecida como rotação de cultivo e ajuda a manter o solo saudável e a reduzir pestes. Além disso, plantar cercas-vivas oferece abrigos para os pássaros e outros animais que se alimentam das pestes que prejudicam as plantações.

Os campos são arados para revolver a camada superior do solo, conduzindo novos nutrientes para a superfície.

↩ Ao desenvolver diferentes tipos de cultivo, adicionam-se também diferentes nutrientes ao solo.

↪ O alimento **orgânico** pode apresentar um sabor melhor do que aqueles que são produzidos com a utilização de pesticidas e agrotóxicos.

Vegetais e frutas orgânicos são produzidos em situações que não afetam a vida selvagem e nem o solo. Examine a feira ou o supermercado da sua cidade à procura dessas mercadorias orgânicas.

O que você pode fazer?

19

FAZENDAS *HI-TECH*

Nas fazendas, as vacas, os porcos e as galinhas costumavam vagar livremente pelos campos. No entanto, atualmente, os fazendeiros precisaram mudar a maneira como esses animais são mantidos, em razão da necessidade crescente de alimento e, portanto, de mais espaço para produzi-lo, o qual é cada vez mais raro.

Alojamentos internos

Em muitas fazendas modernas, os animais são mantidos em alojamentos internos. Dessa maneira, um espaço menor é utilizado comparando-se com aqueles que vivem em áreas externas, e mais alimento, como carne e ovos, pode ser produzido. Vacas e porcos vivem em grandes celeiros, enquanto as galinhas permanecem em galpões. Eles permanecem aquecidos e são alimentados com uma ração especial.

Novos cultivos

Os cientistas podem alterar as plantações mudando os genes dos vegetais – minúsculas "informações" orgânicas dentro das células deles que controlam a maneira como eles se desenvolvem. Essa prática é conhecida como **modificação genética** e, em alguns casos, os cultivos geneticamente modificados podem ser capazes de se desenvolver em solos pobres e de apresentarem resistência às pestes, gerando, consequentemente, uma maior quantidade de alimento.

O cultivo do algodão geneticamente modificado proporciona aos agricultores produtos de melhor qualidade para vender.

O que você pode fazer

Animais de fazenda criados em espaços abertos podem andar por grandes áreas ou campos, o que é preferível em vez de serem confinados em pequenos espaços fechados. Procure por informações sobre como seus alimentos foram criados ou cultivados.

← Em algumas ocasiões, o gado pode ser mantido em celeiros em vez de campos.

Galinhas que são criadas em espaços abertos, passeando livremente em áreas externas.

Explorando o mar

As fazendas não existem somente em ambientes terrestres, elas também podem ser encontradas na água. Muitas espécies de peixes estão presentes na nossa alimentação e podem ser retiradas diretamente do mar ou produzidas em cultivos especiais.

Frotas pesqueiras

Muitas espécies de peixes são capturadas nos oceanos, tais como a sardinha, o atum, o bacalhau e o salmão, além de outros frutos do mar, como os mexilhões, os caranguejos e os camarões. Barcos de pesca modernos são tão grandes e eficientes que, em algumas áreas, eles capturaram uma quantidade tão ampla desses animais que praticamente não restou nenhum indivíduo para **procriar** e manter a sobrevivência da espécie. Serão necessários muitos anos para que a população desses peixes volte a aumentar.

◑ Em alguns locais, a **pesca em excesso** dizimou a população de peixes e, atualmente, não existe quase nenhum desses animais para serem capturados e consumidos.

Peixes em cativeiro

Os peixes podem ser cultivados em grandes tanques na terra ou em gaiolas gigantes no mar. Nesses locais, eles são bem alimentados, crescem rapidamente e são facilmente capturados. Em certas situações, eles podem sofrer de algumas doenças em razão da grande população presente em seus cativeiros.

➲ Os salmões são criados em gaiolas compactas em lagos ou ao longo das costas.

FIQUE ATENTO!

Captura acidental
Os golfinhos, as focas e outros animais são, em algumas ocasiões, capturados acidentalmente em redes de pesca. Essa **captura acidental** ajudou a tornar algumas espécies, como as tartarugas-marinhas, ameaçadas de extinção.

Algumas espécies de tartarugas-marinhas estão ameaçadas de extinção porque muitas delas são mortas quando capturadas acidentalmente por redes de pesca.

CULTIVANDO ENERGIA

Algumas plantações são cultivadas para serem utilizadas como fontes de energia, a fim de gerar aquecimento, como combustíveis em veículos e em usinas elétricas. Essas fontes são conhecidas como biocombustíveis.

As plantações de milho estão entre as mais cultivadas no mundo. Uma grande quantidade dele é produzida nos Estados Unidos e na China.

Biocombustíveis

Alguns biocombustíveis são originários de vegetais com sementes oleosas, como a palmeira, o girassol, a soja e a canola. As sementes são comprimidas ou prensadas para a remoção do óleo, o qual é tratado com substâncias químicas e queimado, como o que acontece, por exemplo, com o biodiesel. Outros biocombustíveis, como o açúcar da cana-de-açúcar, são submetidos a um processo de fermentação ou decomposição. Esse processo produz gases como o metano ou líquidos como o etanol, que, por sua vez, quando em combustão, produzem energia.

O óleo de certos vegetais é transformado em biocombustível em grandes máquinas industriais.

Combustíveis sustentáveis

Nós utilizamos uma grande quantidade de **combustíveis fósseis** (como o carvão, o petróleo e o gás), os quais estão se esgotando. Os biocombustíveis são sustentáveis – nós os podemos repor por meio do desenvolvimento de novos cultivos todos os anos. Além disso, os biocombustíveis de vegetais, como a cana-de-açúcar, consomem o **gás estufa** dióxido de carbono à medida que se desenvolvem, auxiliando a reduzir o **aquecimento global**.

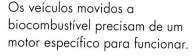

Os veículos movidos a biocombustível precisam de um motor específico para funcionar.

📷 FIQUE ATENTO!

Os problemas acarretados pelos biocombustíveis

Os cultivos de biocombustíveis podem se desenvolver em áreas que eram naturais e que foram destruídas para o cultivo dessas plantações, ou em locais que eram utilizados para o cultivo de alimentos, diminuindo, portanto, a quantidade acessível à população local.

Estes campos de soja no Brasil foram áreas de florestas tropicais.

Montanhas de alimento e quilômetros

Em certos locais, ocorre o estabelecimento de fazendas de sucesso que produzem uma grande quantidade de alimento. Como contraste, em outras áreas, não existe alimento suficiente para a população. Isso acontece devido às condições diferentes proporcionadas por cada local para o desenvolvimento da agricultura.

Muitos alimentos

Agricultores de sucesso possuem uma "montanha de alimentos", como trigo e batatas. Eles precisam pagar grandes valores para armazenar apropriadamente esses produtos, mantê-los livres de pestes e doenças, além de transportá-los para locais distantes onde faltam alimentos para a população. Em algumas ocasiões, o excedente desses produtos acaba sendo arado de volta com o solo.

Grandes tanques de semente são utilizados para armazenar a safra antes de ser vendida.

◉ Em algumas ocasiões, se o alimento não é vendido, ele é desperdiçado e acaba se decompondo.

26

Viajando pelo mundo

Em um grande mercado de alimentos você pode comprar todos os tipos de frutas, vegetais, temperos, carnes e algum outro alimento proveniente de qualquer parte do mundo. Transportá-los por navio, avião, trem e caminhão consome muita energia e outros recursos, além dos problemas de poluição e de aquecimento global que o mundo enfrenta. O alimento que é produzido localmente exige uma quantidade menor de "quilômetros" adicionados ao custo que o seu transporte agrega à natureza.

O transporte de animais por uma longa distância requer um gasto financeiro, o qual é adicionado ao valor da carne.

O que você pode fazer?

Examine os rótulos das frutas, dos vegetais e das carnes de um supermercado para descobrir o local de origem dessas mercadorias. Visite um mercado de agricultores locais, onde geralmente são vendidos alimentos produzidos próximo à sua cidade e armazenados por menos tempo. É preferível escolher alimentos que não viajaram uma grande distância.

⊂ Os produtos dos mercados locais são frequentemente vendidos um pouco depois de serem colhidos.

27

Mantendo as prateleiras cheias

Milhões de pessoas pelo mundo todo passam fome e sofrem de doenças causadas pela falta de alimento e de água potável. À medida que a população mundial aumenta, esses problemas podem se agravar.

O suficiente para todos

Os agricultores de todo o mundo podem produzir uma quantidade de alimento suficiente para abastecer toda a população mundial, porém essa quantidade não é dividida igualmente por todo o mundo. O problema principal reside no fato de que muitas pessoas não possuem áreas suficientes para produzir seu alimento, ou condições financeiras para comprá-lo.

Suprimentos alimentícios são empilhados para serem enviados como um auxílio para a vila de Yama, no noroeste da Nigéria.

O clima e a agricultura

O aquecimento global tem como causa principal o acúmulo do gás dióxido de carbono na atmosfera, o qual é produzido pela queima de combustíveis fósseis. Ele afeta o tempo atmosférico e causa mudanças climáticas, o que, por sua vez, provocam inundações, estiagens, tempestades e outros problemas em áreas de agricultura. Além disso, alguns tipos de exploração agrícola utilizam uma grande quantidade de máquinas, energia, materiais e outros recursos que não são sustentáveis. A implantação de processos agrícolas mais naturais auxiliaria a reduzir esses problemas.

Quando há inundações em áreas de fazendas, as plantações geralmente são arruinadas, o que implica em perda financeira para o agricultor.

Em 1992, o número de pessoas famintas no mundo era de aproximadamente 850 milhões. Em 2002, essa quantidade diminuiu para 820 milhões.

Refugiados formam filas em Darfur, na África, para receber alimentos doados por outros países.

Glossário

Aquecimento global O aumento da temperatura da Terra, como consequência do aumento de gases que provocam o efeito estufa na atmosfera.

Arar Revolver o solo utilizando uma grande pá de metal curvada antes da plantação de sementes.

Biocombustíveis Combustíveis originários de vegetais, que fornecem energia quando entram em combustão.

Biodiversidade A variedade de diferentes seres vivos encontrados em um ambiente.

Captura acidental Quando peixes ou outros animais aquáticos são capturados acidentalmente, geralmente por ficarem presos nas redes, não representando os animais que se esperava capturar.

Ceifeira-debulhadora Uma máquina agrícola que combina alguns trabalhos de colheita, tais como o corte de uma plantação e a separação de partes que serão aproveitadas – como as sementes – daquelas que não serão utilizadas – como os talos.

Colheita Coleta de partes das plantas, como as frutas, especialmente para a alimentação e também para outros usos, como a colheita de bambus para produzir telhados de cabanas.

Combustível fóssil Combustível proveniente de restos de seres vivos que morreram há muito tempo, e que foram soterrados e preservados nas rochas.

Criação de animais Animais de fazendas que são domesticados e utilizados para o provimento de carne, pelo, leite, pele e outros produtos.

Cultivos Vegetais produzidos e coletados pelas pessoas para diferentes propósitos, como o arroz, o trigo e a batata para a alimentação, ou a palha para a produção de telhados, ou ainda, a cana-de-açúcar para a produção de biocombustível.

Domesticados Animais que são em sua maioria dóceis. Eles são utilizados em fazendas ou como animais de estimação.

Extinção Quando todos os representantes de uma espécie de animal ou planta desaparecem, de tal maneira que não existe nenhum indivíduo restante no mundo.

Fértil Na agricultura, é o solo que apresenta uma abundância de nutrientes e qualidades, de tal maneira que os cultivos se desenvolvem satisfatoriamente nele.

Floresta tropical Uma enorme área de árvores que se desenvolve próxima ao Equador e onde chove na maior parte dos dias ao longo do ano.

Gás estufa Um gás que auxilia o aprisionamento do calor solar, provocando um aumento de temperatura na atmosfera da Terra.

Habitat Conceito ecológico que engloba os fatores bióticos e abióticos determinantes de um lugar específico, onde espécies particulares de animais e plantas vivem.

Migração Quando os pássaros ou outros animais viajam regularmente de uma parte do mundo para outra.

Modificação genética A alteração do material genético de um ser vivo, por exemplo, a adição de um gene em uma espécie vegetal que proporcione um desenvolvimento mais rápido dela.

Orgânicos São mercadorias produzidas de maneira natural, sem substâncias químicas como pesticidas e fertilizantes.

Pastagem Um local semelhante às pradarias da América do Norte ou às savanas da África, onde os principais vegetais são as gramíneas em vez de árvores, arbustos, cactos e outras plantas.

Pesca em excesso A captura de uma grande quantidade de peixes ou de outros animais de uma área, não restando indivíduos suficientes para procriar e continuar a sobrevivência de suas espécies.

Pesticida Constitui uma substância química que é pulverizada sobre plantações a fim de provocar a morte de certos seres vivos, como ervas daninhas, fungos e pestes.

Plantações Áreas plantadas pelas pessoas com um mesmo tipo de cultivo, como árvores de palmeira para a extração de óleo das sementes.

Poluição Quando substâncias nocivas, como substâncias químicas ou o lixo, são introduzidas no meio ambiente, provocando danos a ele.

Pontos quentes Ambientes que exibem uma grande biodiversidade.

Preservar Evitar que um ser vivo se torne extinto ou que uma área ou algo seja destruído ou prejudicado.

Procriar Reproduzir ou originar mais indivíduos de uma espécie.

Sustentável Algo que pode existir por um longo período de tempo, sem se esgotar ou se desgastar.

Índice remissivo

algodão 21
animais 4-8, 12, 13, 15-18, 20, 21,
    27, 30, 31
aquecimento global 24, 25, 27, 29, 30
arar 4, 18, 30
áreas úmidas 17
arroz 4, 7, 16, 30
árvores 10-14, 18, 30, 31

batatas 26
biocombustíveis 24, 25
biodiversidade 13, 30, 31

cabras 5
café 10
captura 23, 30, 31
campos 5-8, 16, 18-21, 25
canola 24
ceifeiras-debulhadoras 5, 6, 30
celeiros 20, 21
cercas-vivas 19
chá 10
clima 7, 8, 12, 29
coletores/caçadores 4
colhedeiras 18
colheita 18, 30, 31
combustíveis 24, 25, 29, 30
fósseis 25, 29, 30
sustentáveis 25
criação de animais 6-8, 30

domesticados 4, 5, 30

empresas 6
enchentes 14, 15

florestas 11, 13, 15, 16, 18
    tropicais 12-15, 25, 30
fome 28
frotas pesqueiras 22
frutas 4, 8, 19, 27, 30

galinhas 20, 21
galpões 20
gás estufa 25, 30
geneticamente modificado 21

habitats 12, 14, 17, 31

laticínios 7
leite 5, 30

madeira 10-14
máquinas 4-6, 18, 24, 29
migração 17, 31
montanhas de alimento 26
mudanças climáticas 29

nutrientes 19, 30

orgânico 19, 31
ovelhas 5

papel 10
pesca 22, 23, 31
pestes 18, 19, 21, 26, 31
pesticidas 18, 19, 31
poluição 18, 27, 31
porcos 5, 20

rotação de cultivo 19

solo 8, 9, 14-19, 21, 26, 30
sementes 4, 18, 24, 30, 31
suprimentos alimentícios 28

transporte 27
tratores 6, 18
trigo 4, 26, 30

usinas elétricas 24

vacas 5, 20
vegetais 4, 13, 15, 16, 18, 19, 21, 24, 25,
    27, 30, 31
vida selvagem 12, 13, 18, 19